Joachim Lehmann

Protokollführung im Verein

Arbeitsheft
mit Formularen, Mustern, Checklisten,
rechtlichen und praktischen
Hinweisen und Tipps

Praxis Plus Verlag GmbH

Inhaltsverzeichnis

Protokollführung im Verein

Allgemeine Angaben

Angaben zum Verein

Verein:	
Sitz:	
Vereinsregister Nummer:	
Verband Nummer:	

Angaben zur Person

Name, Vorname:	
Strasse:	
PLZ, Ort:	
Tel., Fax. E-Mail	
Funktion im Verein:	

Die DSGVO (Datenschutz-Grundverordnung)

Die DSGVO betrifft alle Bereiche des Vereins, auch die der Protokollführung. Dazu sind folgende Grundsätze durch organisatorische Maßnahmen umzusetzen.

Organisatorische Maßnahmen

rganisatorisch kann man die Aufgaben des Vereins so einteilen:

Achten Sie darauf, dass Sie eine Rechtsgrundlage für die Erfassung der Daten haben, idealerweise eine schriftliche Einwilligung.

Erklären Sie in geeigneter Weise, wofür sie die Daten erfassen.

Erfassen Sie nur Daten, die sie auch wirklich für ihre Vereinsarbeit benötigen.

Stellen sie sicher, dass nur die Personen Zugriff haben, die die Daten für jeweilige Tätigkeit verwenden.

Schützen Sie die Daten vor missbräuchlicher Verwendung.

Löschen Sie die Daten, wenn sie diese nicht mehr benötigen. Geben sie den Termin der Löschung, wenn möglich, bei Erfassung bekannt.

Wichtige Adressen		
Funktion / Institution	Abt. / Nr. etc.	Ansprechpartner: Name, Adresse, Telefon/Fax
Stadt / Gemeinde-Verwaltung		
Finanzamt		
Amtsgericht/ Vereinsregister		
Kreisverband		
Landesverband		
Bundesverband		
Steuerberater		
Rechtsanwalt / Notar		

Erfassung ohne Kenntnis des Betroffenen

Werden personenbezogene Datei ohne Kenntnis des Betroffenen gespeichert, muss der Verein ihn von der erstmaligen Speicherung seiner Daten und der Art der gespeicherten Daten (z.B. Vorname, Name, Geburtstag, Anschrift, ggf. Telefonnummer, Beitrittsdatum, Zugehörigkeit zu einer Vereinsabteilung) benachrichtigen. Möchten Sie zum Beispiel Sponsoren Anschreiben und bedienen sich eines Telefonbuches, haben Sie zunächst die gleichen Pflichten wie bei der oben beschriebenen direkten Erhebung. Zusätzlich muss der Verein die betroffene Person oder Firma über die Kategorie der verarbeiteten personenbezogenen Daten und über die Quelle informieren. Diese Information muss innerhalb einer angemessenen Frist, spätestens jedoch innerhalb eines Monates nach der Erhebung gegeben werden.

Dies gilt auch, wenn die Daten potenzieller Sponsoren über das Internet recherchiert werden. Die Benachrichtigung muss innerhalb eines Monats erfolgen.

Besetzung des Vorstands			
Funktion	Name, Adresse	Telefon / Fax / Mail	seit / bis

Mitgliederversammlung

Offene Positionen aus MGV - Protokollen				
Protokoll vom	TO. - Nr.	TO. - Nr. - Stichworte	Zuständig	Erledigt am

Offene Positionen aus früheren Protokollen sind ggfs. in der Mitgliederversammlung zu berichten

DSGVO

Sollten Sie auch für die Erstellung der Anwesenheitsliste zuständig sein, erfassen Sie dort nur Daten, die für die Durchführung der Mitgliederversammlung erforderlich sind. Vermerken sie diese Erfordernisse. Weisen Sie darauf hin, wann diese Liste gelöscht wird. Lassen Sie die Teilnehmer ggfs. unterschreiben, dass sie mit Fotoaufnehmen einverstanden sind.

Genehmigte Tagesordnung

Lfde.Nr.	Thema

Wird die ursprüngliche Tagesordnung durch die Versammlung geändert, sollten Sie dies hier vermerken.

Checkliste Vorbereitung auf die Protokollführung		
	Thema	Erledigt
Unterlagen	Satzung, Geschäftsordnung	
	Tagesordnung	
	Jahresbericht des Vorstands, (des Schatzmeisters)	
	Bericht der Kassenprüfer	
	vorherige Protokolle etc.	
	Anwesenheitsliste	
Prüfen	Räumlichkeiten	
	Platzierung des Protokollführers (Anschluss Laptop)	
	Kenntnis über die Art des Protokolls (Wort-, Beschluss- oder Beratungsprotokoll)	
	Art der Abstimmung	
	Geheim (Stimmzettel, Kabine, Wahlurne vorbereiten)	
	Wählbarkeit (Passives Wahlrecht)	
	Stimmberechtigung (Aktives Wahlrecht)	
	Wahlverfahren (Satzung)	
	Erforderliche Mehrheiten je nach Vorgang	

Checkliste Versammlungsbeginn (vom Protokollführer zu überwachen)		
Erforderlich	Thema	Erledigt
	Bekanntgabe Versammlungsleiter	
	Bekanntgabe Protokollführer	
	Bekanntgabe einer evtl. Sprachaufzeichnung	
	Feststellung der Beschlussfähigkeit	
	Feststellung satzungsgemäße Ladung (wie erfolgt)	
	Beschluss Tagesordnung	
	Feststellung zu evtl Vertretungsverhältnissen	
	Teilnehmer: (Un)Entschuldigte Abwesende	
	Bekanntgabe Rauchverbot	
	Genehmigung Gäste in der Versammlung	
	Begrüßung der Ehrengäste	
	Bekanntgabe, ob Speisen, Getränke zu erhalten sind. (Kostenübernahme)	
	Aufforderung, sich in Anwesenheitsliste einzutragen	
	Hinweis auf Verschwiegenheit	

Allgemeine Angaben

	Ordentliche / außerordentliche Mitgliederversammlung vom	Tag		
Einladung durch (Einladender / Form)		am		
Ort (Adresse, Raum)		Von	/	Bis
Versammlungsleiter		Teilnehmer:		
Protokoll unterschrieben durch		Versandt am		

Beschlüsse / Berichte

TO Nr.	Antragsteller / Berichterstatter				
Antrag / Bericht					
Beschluss Zu erledigen durch:		Bis:	Ja	Nein	Enth

Vermerke:

TO Nr.	Antragsteller / Berichterstatter		
Antrag / Bericht			
Beschluss Zu erledigen durch: Bis:	Ja	Nein	Enth

TO Nr.	Antragsteller / Berichterstatter		
Antrag / Bericht			
Beschluss	Ja	Nein	Enth

TO Nr.	Antragsteller / Berichterstatter		
Antrag / Bericht			
Beschluss Zu erledigen durch: Bis:	Ja	Nein	Enth

TO Nr.	Antragsteller / Berichterstatter			
Antrag / Bericht				
Beschluss Zu erledigen durch: Bis:		Ja	Nein	Enth

TO Nr.	Antragsteller / Berichterstatter			
Antrag / Bericht				
Beschluss Zu erledigen durch: Bis:		Ja	Nein	Enth

TO Nr.	Antragsteller / Berichterstatter			
Antrag / Bericht				
Beschluss Zu erledigen durch: Bis:		Ja	Nein	Enth

Wortmeldungen in der MGV

Zu TO.Nr.	Name	Stichworte	Hinweis

Verwenden sie dieses Formular, um die Reihenfolge von Wortmeldungen festzuhalten

Wahlergebnisse der MGV					
Funktion	Kandidaten	Ja	Nein	Enth.	Angen.

Auch hier werden Daten erfasst. Jeder, der sich einer Wahl stellt, muss jedoch wissen, dass die Ergebnisse der Wahl erfasst werden.

Ihre Aufgabe als Protokollführer ist, diese Daten vertraulich zu behandeln und keinen fremden Zugriff zuzulassen.

Berichte in der MGV

TO Nr.:	Thema	Stichworte	Name	Ergebnis

Geschäftsordnungsanträge in der MGV

TO Nr.:	Thema	Stichworte	Name	Ergebnis

	Veränderungen der Teilnehmerzahl	Uhrzeit				Zahl
	Anwesend zu Beginn der Sitzung um	-	-	-	-	
TO Nr.	Name, Vorname Veränderungen der Teilnehmerzahl:	Geht	Kommt	Geht	Kommt	Zahl

Dieses Formular benötigen Sie, wenn die Beschlussfähigkeit der Versammlung belegt werden muss

Protokoll - Verteiler

Name	Abt. / Nr. etc.	Zugestellt am

In nahezu jedem Protokoll werden Daten erfasst. Ihre Aufgabe nach der der DSGVO ist, den Kreis der Protokollempfänger auf das notwendige zu beschränken.

Vorstand und / oder andere Gremien

Offene Positionen aus Protokollen

Protokoll vom	TO. - Nr.	TO. - Nr. - Stichworte	Zuständig	Erledigt am

Planung der Sitzungen für ....

Termin	Schwerpunktthemen	Vorgesehen für	Erledigt am

Einhaltung der DSGVO

Anwesenheitsliste

Hinweis: Nach der DSGVO erfassen Sie hier Daten. Durch Ihre Unterschrift erklären die Gremiumsmitglieder, dass Sie mit dieser Erfassung einverstanden sind. Diese Daten werden vertraulich behandelt und stehen nur den Mitgliedern des Gremiums sowie den Vorständen zur Verfügung. Die Daten werden archiviert und spätestens nach Ablauf der Aufbewahrungsfrist von 10 Jahren vernichtet.

Name / Unterschrift

1.

2.

3.

4.

5.

6.

7.

8.

9.

10.

11.

12.

Anwesenheitsliste Gremium / Jahr:

Termin: Name:																	
Legende: X = Teilgenommen; O = Entschuldigt gefehlt; - = Unentschuldigt gefehlt; V = Vertreter teilgenommen																	

Vermerke

Anwesenheitsliste Gremium / Jahr:

Name: Termin:																	

Legende: X = Teilgenommen; O = Entschuldigt gefehlt; - = Unentschuldigt gefehlt; V = Vertreter teilgenommen

Vermerke:

Protokollnotizen

<table>
<tr><td></td><td colspan="2">Protokollnotizen</td><td colspan="3">Seite von</td></tr>
<tr><td colspan="3">Gremium</td><td colspan="3">Tag</td></tr>
<tr><td colspan="3">Ort (Adresse, Raum)</td><td>Von</td><td>/</td><td>Bis</td></tr>
<tr><td colspan="3">Versammlungsleiter</td><td colspan="3">Teilnehmer:</td></tr>
<tr><td>TO Nr.</td><td colspan="5">Antragsteller / Berichterstatter</td></tr>
<tr><td colspan="6">Antrag / Bericht</td></tr>
<tr><td colspan="6">Wortmeldungen</td></tr>
<tr><td colspan="2">Beschluss

Zu erledigen durch:</td><td>Bis:</td><td>Ja</td><td>Nein</td><td>Enth</td></tr>
<tr><td>TO Nr.</td><td colspan="5">Antragsteller / Berichterstatter</td></tr>
<tr><td colspan="6">Antrag / Bericht</td></tr>
<tr><td colspan="6">Wortmeldungen</td></tr>
<tr><td colspan="2">Beschluss

Zu erledigen durch:</td><td>Bis:</td><td>Ja</td><td>Nein</td><td>Enth</td></tr>
</table>

Unser Tipp: Ergänzen sie im Inhaltsverzeichnis das Datum der Sitzung

Notizen zu den Tagesordnungspunkten

Zu TO.Nr.	Stichworte	Ergebnis

Protokollnotizen

<table>
<tr><td></td><td colspan="2">Protokollnotizen</td><td colspan="3">Seite von</td></tr>
<tr><td colspan="3">Gremium</td><td colspan="3">Tag</td></tr>
<tr><td colspan="3">Ort (Adresse, Raum)</td><td>Von</td><td>/</td><td>Bis</td></tr>
<tr><td colspan="3">Versammlungsleiter</td><td colspan="3">Teilnehmer:</td></tr>
<tr><td>TO Nr.</td><td colspan="5">Antragsteller / Berichterstatter</td></tr>
<tr><td colspan="6">Antrag / Bericht</td></tr>
<tr><td colspan="6">Wortmeldungen</td></tr>
<tr><td colspan="3">Beschluss

Zu erledigen durch: Bis:</td><td>Ja</td><td>Nein</td><td>Enth</td></tr>
<tr><td>TO Nr.</td><td colspan="5">Antragsteller / Berichterstatter</td></tr>
<tr><td colspan="6">Antrag / Bericht</td></tr>
<tr><td colspan="6">Wortmeldungen</td></tr>
<tr><td colspan="3">Beschluss

Zu erledigen durch: Bis:</td><td>Ja</td><td>Nein</td><td>Enth</td></tr>
</table>

Unser Tipp: Ergänzen sie im Inhaltsverzeichnis das Datum der Sitzung

Notizen zu den Tagesordnungspunkten

Zu TO.Nr.	Stichworte	Ergebnis

Protokollnotizen

	Protokollnotizen	Seite von		
Gremium		Tag		
Ort (Adresse, Raum)		Von	/	Bis
Versammlungsleiter		Teilnehmer:		
TO Nr.	Antragsteller / Berichterstatter			
Antrag / Bericht				
Wortmeldungen				
Beschluss Zu erledigen durch: Bis:		Ja	Nein	Enth
TO Nr.	Antragsteller / Berichterstatter			
Antrag / Bericht				
Wortmeldungen				
Beschluss Zu erledigen durch: Bis:		Ja	Nein	Enth

Unser Tipp: Ergänzen sie im Inhaltsverzeichnis das Datum der Sitzung

Notizen zu den Tagesordnungspunkten

Zu TO.Nr.	Stichworte	Ergebnis

Protokollnotizen

<table>
<tr><td></td><td colspan="2">Protokollnotizen</td><td colspan="3">Seite von</td></tr>
<tr><td colspan="3">Gremium</td><td colspan="3">Tag</td></tr>
<tr><td colspan="3">Ort (Adresse, Raum)</td><td>Von</td><td>/</td><td>Bis</td></tr>
<tr><td colspan="3">Versammlungsleiter</td><td colspan="3">Teilnehmer:</td></tr>
<tr><td>TO Nr.</td><td colspan="5">Antragsteller / Berichterstatter</td></tr>
<tr><td colspan="6">Antrag / Bericht</td></tr>
<tr><td colspan="6">Wortmeldungen</td></tr>
<tr><td colspan="2">Beschluss

Zu erledigen durch:</td><td>Bis:</td><td>Ja</td><td>Nein</td><td>Enth</td></tr>
<tr><td>TO Nr.</td><td colspan="5">Antragsteller / Berichterstatter</td></tr>
<tr><td colspan="6">Antrag / Bericht</td></tr>
<tr><td colspan="6">Wortmeldungen</td></tr>
<tr><td colspan="2">Beschluss

Zu erledigen durch:</td><td>Bis:</td><td>Ja</td><td>Nein</td><td>Enth</td></tr>
</table>

Unser Tipp: Ergänzen sie im Inhaltsverzeichnis das Datum der Sitzung

Notizen zu den Tagesordnungspunkten		
Zu TO.Nr.	Stichworte	Ergebnis

Protokollnotizen

<table>
<tr><td></td><td colspan="3">Protokollnotizen</td><td colspan="3">Seite von</td></tr>
<tr><td colspan="4">Gremium</td><td colspan="3">Tag</td></tr>
<tr><td colspan="4">Ort (Adresse, Raum)</td><td>Von</td><td>/</td><td>Bis</td></tr>
<tr><td colspan="4">Versammlungsleiter</td><td colspan="3">Teilnehmer:</td></tr>
<tr><td>TO Nr.</td><td colspan="6">Antragsteller / Berichterstatter</td></tr>
<tr><td colspan="7">Antrag / Bericht</td></tr>
<tr><td colspan="7">Wortmeldungen</td></tr>
<tr><td colspan="4">Beschluss

Zu erledigen durch: Bis:</td><td>Ja</td><td>Nein</td><td>Enth</td></tr>
<tr><td>TO Nr.</td><td colspan="6">Antragsteller / Berichterstatter</td></tr>
<tr><td colspan="7">Antrag / Bericht</td></tr>
<tr><td colspan="7">Wortmeldungen</td></tr>
<tr><td colspan="4">Beschluss

Zu erledigen durch: Bis:</td><td>Ja</td><td>Nein</td><td>Enth</td></tr>
</table>

Unser Tipp: Ergänzen sie im Inhaltsverzeichnis das Datum der Sitzung

Notizen zu den Tagesordnungspunkten

Zu TO.Nr.	Stichworte	Ergebnis

Protokollnotizen

<table>
<tr><td></td><td colspan="3">Protokollnotizen</td><td colspan="3">Seite von</td></tr>
<tr><td colspan="4">Gremium</td><td colspan="3">Tag</td></tr>
<tr><td colspan="4">Ort (Adresse, Raum)</td><td>Von</td><td>/</td><td>Bis</td></tr>
<tr><td colspan="4">Versammlungsleiter</td><td colspan="3">Teilnehmer:</td></tr>
<tr><td>TO Nr.</td><td colspan="6">Antragsteller / Berichterstatter</td></tr>
<tr><td colspan="7">Antrag / Bericht</td></tr>
<tr><td colspan="7">Wortmeldungen</td></tr>
<tr><td colspan="4">Beschluss

Zu erledigen durch: Bis:</td><td>Ja</td><td>Nein</td><td>Enth</td></tr>
<tr><td>TO Nr.</td><td colspan="6">Antragsteller / Berichterstatter</td></tr>
<tr><td colspan="7">Antrag / Bericht</td></tr>
<tr><td colspan="7">Wortmeldungen</td></tr>
<tr><td colspan="4">Beschluss

Zu erledigen durch: Bis:</td><td>Ja</td><td>Nein</td><td>Enth</td></tr>
</table>

Unser Tipp: Ergänzen sie im Inhaltsverzeichnis das Datum der Sitzung

Notizen zu den Tagesordnungspunkten

Zu TO.Nr.	Stichworte	Ergebnis

Checkliste Nachbereitung Protokoll		
Erforderlich	Thema	Erledigt
	Protokoll auf Schreib- und Grammatikfehler Gegenlesen lassen. (Möglichst von einem Unbeteiligten)	
	Protokoll noch einmal anhand der Aufzeichnungen auf sachliche Richtigkeit überprüfen	
	Akzeptanz der Aufgabenzuordnungen prüfen	
	Protokoll mit dem Versammlungsleiter durchsprechen	
	Erforderliche Unterschriften auf Protokoll und Anlagen einholen	
	Verteilerliste prüfen	
	Gemäß Verteiler zustellen	
	Ggfs. Protokoll im Internet im Mitgliederbereich oder im allgemein zugänglichen Bereich veröffentlichen	
	Mitglieder, die aus der Versammlung heraus Aufgaben oder Verpflichtungen übernommen haben, separat mit Auszug aus dem Protokoll anschreiben. (Durch Vorstand)	
	Offenen Vorgänge anhand einer Liste überwachen	
	Protokoll bei der nächsten Versammlung genehmigen lassen (wenn satzungs- oder gewohnheitsrechtlich erforderlich)	
	Korrekturen oder Präzisierungen im nächsten Protokoll festhalten	

Das Protokoll, Dokument Ihrer Arbeit

Die rechtlichen Grundlagen

§ 58 BGB (Bürgerliches Gesetzbuch)
Die Satzung soll Bestimmungen enthalten:
...
4. über die Voraussetzungen, unter denen die Mitgliederversammlung zu berufen ist, über die Form der Berufung und über die Beurkundung der Beschlüsse.

Näheres muss also in der Satzung geregelt werden. Fest steht jedoch, dass das Protokoll schriftlich (Beurkundung) abgefasst werden muss.
Ob dies in Buchform, als abgeheftete Blätter, handschriftlich oder als PC Ausdruck geschieht bleibt der Satzung überlassen. Ist die Form dort nicht genau bestimmt, entscheidet der Protokollführer in Abstimmung mit dem Versammlungsleiter. Beide können jedoch von der Mitgliederversammlung überstimmt werden.

Was soll erreicht werden?

Das Protokoll ist die dokumentierte Grundlage Ihrer Vereinsarbeit. Im Protokoll werden die Beschlüsse festgehalten, und dienen damit als

- Beweisurkunde,
- Arbeitsunterlage und
- Informationsquelle.

Daher werden im Protokoll häufig auch Äußerungen und Tatbestände notiert, die von Interesse sind ohne Beschlüsse zu sein.
Das Protokoll wird vom Protokollführer und dem Sitzungsleiter unterschrieben.
Eine Liste der Sitzungsteilnehmer wird dem Protokoll beigefügt, auf der evtl. nicht oder nur zeitweise teilnehmende Mitglieder des Gremiums vermerkt werden. Um die formale Richtigkeit des Protokolls sicherzustellen, hat sich eine formularmäßige Fassung bewährt.
In Inhalt und Darstellung werden unterschieden:

- Wortprotokoll
- Ergebnisprotokoll
- Erweitertes Ergebnisprotokoll - Stichwortprotokoll

Das Wortprotokoll

Das Wortprotokoll ist eine wortgetreue Mitschrift und daher im Verein in der Regel nicht durchführbar, da es einen hohen personellen (Mitstenographieren) und technischen (Mitschnitt durch Tonbandgerät) Aufwand erfordert.

Das Ergebnisprotokoll

Das Ergebnisprotokoll ist die knappste Form und verursacht den geringsten Arbeitsaufwand. Es enthält zunächst einmal die Bezeichnung des Gremiums (Vorstand, Mitgliederversammlung etc.), dann den Ort, den Tag und die Uhrzeit (Beginn und Ende) der Sitzung. Es folgt das Ergebnis der einzelnen Tagesordnungspunkte evtl. mit Angabe der für die Erledigung eines Problems zuständigen Abteilung.

Das Stichwortprotokoll

Möchte ein Diskussionsteilnehmer seinen Beitrag "zu Protokoll genommen wissen" oder sollen wichtige Beiträge über den Beschluss hinaus festgehalten werden, wird das Ergebnisprotokoll zum Stichwortprotokoll erweitert. Es gibt so in etwa den Sitzungsverlauf wieder. Insbesondere kann später besser nachvollzogen werden, welche Argumente zu diesem Beschluss geführt haben. Das Stichwortprotokoll eignet sich erfahrungsgemäß für die Vereinsarbeit am besten.

Die rechtliche Bedeutung des Protokolls

Die Verantwortung für den Inhalt des Protokolls hat in erster Linie der Versammlungsleiter, der auch zusammen mit dem Protokollführer das Protokoll einschließlich der Anlagen unterschreibt. Wechselt die Versammlungsleitung, müssen alle Versammlungsleiter für ihren Bereich unterschreiben. Eventuell verlangt die Satzung die Unterschrift weiterer Personen.

Das Protokoll ist eine Privaturkunde und begründet, sofern unterschrieben, vollen Beweis dafür, dass die darin enthaltenen Erklärungen von den Ausstellern abgegeben sind (siehe hierzu § 416 ZPO). Das Protokoll muss nicht, um gültig zu sein, von einer Mitgliederversammlung (oder einem anderen Gremium) genehmigt werden. Es sei denn, die Vereinssatzung sieht dies ausdrücklich vor.

Das Verlesen hat spätestens in der nächsten Mitgliederversammlung zu geschehen. Eine Änderung des Protokolls ist nur mit Zustimmung aller Unterzeichner möglich. Es ist ein besonderer Vermerk über die Änderung anzubringen und entsprechend zu unterschreiben. Mitglieder, die Fehler im Protokoll behaupten, müssen diese auch beweisen. Erst mit Fertigstellung beginnen die Fristen zur Anfechtung von Versammlungsbeschlüssen.

Vereinsmitglieder habe ein Einsichtsrecht in das Protokoll der Mitgliederversammlung, nicht jedoch in die Notizen des Protokollführers. Ein

Einsichtsrecht in Vorstandsprotokolle haben sie jedenfalls dann, wenn sie ein berechtigtes Interesse nachweisen. Es sei denn, die Satzung schreibt vor, jedem Mitglied vom Protokoll Kenntnis zu geben.

Das Versammlungsprotokoll bildet für den Verein, seine Organe und Mitglieder eine gesicherte Grundlage der Vereinsarbeit. Das ordnungsgemäß geführte und unterschriebene Protokoll hat Beweiswert.

Sie sind neu?

Voraussetzungen

Übernimmt man in einem Verein die Funktion des Protokollführers sollte man sich bewusst sein, dass man eine Aufgabe übernommen hat, die ein Höchstmaß an Objektivität aber auch den nötigen Fundus an Kenntnissen über Vereinsvorgänge und Vereinsrecht verlangt. Dabei sollte man versuchen, folgende Eigenschaften zu beherrschen:

- Passable Deutschkenntnisse,
- Gesprochenes in Geschriebenes umsetzen können,
- Kenntnisse im Vereinswesen und des Vereins haben,
- pragmatisch und unbeeinflussbar sein,
- rasch beurteilen können, was wesentlich und was unwesentlich ist,
- Multitaskingfähig sein, wenn man sich auch selbst an der Diskussion beteiligt

Neue Besen

Wenn man ein Amt neu übernimmt, möchte man diesem seinen eigenen Stempel aufdrücken. Das ist gut so, denn neue Besen kehren gut - sagt der Volksmund - und das kann auch im Verein nicht falsch sein.
Aber weil es ein Verein ist, sollte man auch beachten, dass man es weitgehend mit ehrenamtlich tätigen Mitstreitern zu tun hat, auf deren Gewohnheiten und Befindlichkeiten Rücksicht zu nehmen nicht das Schlechteste sein muss.

Erste Schritte

Vor Ihrem ersten Protokoll sollten Sie einige Protokolle ihres Vorgängers studieren. Dann wissen Sie zumindest, welche Art vom Protokoll die Mitglieder dieses Gremiums gewohnt sind. Überlegen Sie sich anschließend, was geändert werden und was eventuell belassen werden sollte, auch wenn es nicht unbedingt ihrem Stil entspricht.

Die von Ihnen ins Auge gefassten Neuerungen sollten Sie mit dem Versammlungsleiter oder dem Vorsitzenden des Gremiums abstimmen. Dieser muss in der Regel das Protokoll mitunterzeichnen. So sparen Sie sich bei unterschiedlichen Auffassungen Ärger und vor allen Dingen Arbeit.

Vorbereitung auf eine Sitzung

Siehe auch Checkliste „Vorbereitung auf die Protokollführung)

Satzung

Unverzichtbar und darum immer dabei: Satzung und evtl. Geschäftsordnung. Nur wenige im Verein kennen die Satzung.

Tagesordnung

Als Protokollführer erhalten Sie vor der Sitzung eine Tagesordnung. Wenn es bisher nicht der Fall war, ist es Ihr gutes Recht darauf zu bestehen oder zumindest, falls eine Tagesordnung, bei ihren turnusmäßigen Vorstandssitzungen zum Beispiel, nicht erstellt wird, in Stichworten die wesentlichen Themen festzuhalten.

Auf die Themen vorbereiten

Erkundigen Sie sich nach dem Stand eines jeden Vorganges, der in der kommenden Sitzung behandelt werden soll. Auch hier hilft es ihnen, wenn sich die alten Protokollvermerke ansehen. Aus den alten Protokollen können Sie ersehen, wer üblicherweise zu den jeweiligen Themen Stellung nimmt. Da sich auch die Argumente wiederholen, sind sie so für 50 Prozent der Redebeiträge bestens vorbereitet.

Brisanz erkennen

Zu Beginn ihrer Tätigkeit sicherlich schwierig, aber nach einer Einarbeitungszeit können sie die Brisanz, die in den einzelnen Themen liegt, einschätzen. Danach richtet sich auch die Intensität Ihrer Vorbereitung.

Anträge und Beschlüsse

So weit Anträge gestellt werden sollen, versuchen Sie, die Antragsformulierung vorher schriftlich zu bekommen. Ist dies nicht möglich, können sie abwägen, ob sie sich selbst Gedanken zu einer Antragsformulierung machen.
Häufig wird von ihnen als Protokollführer erwartet, dass sie aus der Diskussion heraus gestellte Anträge in Schriftdeutsch " übersetzen " und den Antrag dann in der Versammlung vorlesen. Sie werden sehen, häufig entsprechen die Anträge den Entwürfen, die sich im Vorfeld und zur Vorbereitung überlegt haben.
Ähnliches gilt für die dem Antrag folgende Beschlussformulierung. Der Beschluss sollte neben dem Text, der sich meistens an den Antrag anlehnt, etwas aussagen über die Art der Abstimmung, das

Stimmergebnis, den Umsetzungstermin und die Zuständigkeit für die Umsetzung.

Berichte

Soweit Berichte in ihr Protokoll aufgenommen werden müssen, versuchen sie eine schriftliche Ausarbeitung zu bekommen. Natürlich müssen sie das gesprochene Wort protokollieren, aber es ist wesentlich einfacher, die Schwerpunkte eines Berichts herauszuarbeiten, wenn ihnen der Bericht vorher vorliegt.
Da sie in der Regel ein Ergebnisprotokoll schreiben, sind nur die wesentlichen Aussagen des Berichts in das Protokoll aufzunehmen. Dieses sollten sie auch dann tun, wenn der Bericht als Anlage dem Protokoll beigefügt wird.

Sitzungsteilnehmer

Vergewissern Sie sich genau, welche Funktion die einzelnen Sitzungsteilnehmer haben. Dabei ist es nicht nur für den Versammlungsleiter, sondern auch für sie wichtig, aus der Satzung oder aus alten Beschlüssen der Mitgliederversammlung herauszuarbeiten, welche Sitzungsteilnehmer ein Stimmrecht oder nur ein Rederecht haben.

Die genaue Funktion hilft ihnen auch bei der Feststellung, ob bei einem Sitzungsteilnehmer bei einem Beschluss eventuell Befangenheit vorliegt und dieser daher weder an der Diskussion noch an der Abstimmung teilnehmen kann. Der Versammlungsleiter wird Ihnen für einen entsprechenden Hinweis dankbar sein.

Geschäftsordnung

Die Sitzungsordnung oder auch Geschäftsordnung sollten sie ebenfalls sowohl in der Sitzung als auch bei der Abfassung des Protokolls griffbereit haben. Sie sagt in der Regel aus, in welcher Form abgestimmt wird, welche Mehrheiten erforderlich sind und wer stimmberechtigt ist.
Dies kann durchaus variieren. Z.B. wenn die Stimmrechte der Minderjährigen eingeschränkt sind, in dem sie nur in Fragen in der Jugendarbeit ein Stimmrecht haben.

Achten Sie auch darauf, ob die Versammlung beschlussfähig ist. Häufig kommen einige Teilnehmer später oder sie gehen früher oder sie verlassen während der Sitzung vorübergehend den Raum. Je nach Sitzung und Geschäftsordnung kann es notwendig sein, dieses zu notieren, um später im Protokoll die Beschlussfähigkeit belegen zu können.

Tonbandaufzeichnung

Die Genehmigung zu Tonbandaufzeichnungen während einer Mitgliederversammlung muss entweder aus der Satzung hervorgehen oder von der Versammlung beschlossen werden. Festzustellen ist, dass eine Tonbandaufzeichnung nur eine ergänzende Hilfe sein kann, da Nebengeräusche die Qualität häufig beeinträchtigen.

Räumlichkeiten

Versuchen Sie vor einer Sitzung die Räumlichkeiten in Augenschein zu nehmen. Ihre Position sollte so sein, dass sie zum einen möglichst alle Sitzungsteilnehmer sehen können. Zum anderen sollten Sie in der Nähe des Versammlungsleiters ihren Platz haben um in Zweifelsfällen nachfragen zu können aber auch, um dem Versammlungsleiter Hilfestellung in Formulierungsfragen bei Anträgen und Beschlüsse geben zu können.

Die Eckpunkte des Protokolls

Nichts vergessen

Ein ordnungsgemäß geführtes Versammlungsprotokoll sollte mindestens folgende Angaben enthalten:

- Ort, Tag und Stunde der Versammlung.
- Die Eröffnung durch den Versammlungsleiter mit der Feststellung, dass die Versammlung satzungsgemäß einberufen wurde und beschlussfähig ist.
- Die Zahl der erschienenen stimmberechtigten Mitglieder.
- Die Genehmigung der Tagesordnung.
- Die Berichte des Vereinsvorsitzenden, des Schatzmeisters, der Abteilungsleiter, der Rechnungsprüfer (Diese können auch als Anlage beigefügt werden).
- Die Entlastung des Vorstands.
- Die Texte der zur Abstimmung gelangten Sachanträge.
- Die Art der Abstimmung mit dem genauen Abstimmungsergebnis (Anwesende stimmberechtigte Personen, Ja-Stimmen, Nein-Stimmen, Stimmenthaltungen, ungültige Stimmen).
- Bei Wahlen die Namen der Gewählten
- Die Erklärung, dass sie die Wahl annehmen.

Zu „Sitzungsort“

Zunächst ist festzuhalten, wo die Sitzung stattfindet. Dabei ist nicht nur die Adresse festzuhalten, sondern auch die Räumlichkeiten sind möglichst zu beschreiben. Zum Beispiel die Adresse einer Sportschule mit dem Hinweis auf den Sitzungssaal "Olympia ".

Zu „Wann und bis wann“

Sie halten auch fest, an welchem Tag (Datum und Wochentag) die Sitzung stattgefunden hat, wann sie begonnen hat und wann sie beendet wurde. Letzteres ist z.B. deshalb wichtig, weil sie nach herrschender Meinung nach Mitternacht keine rechtswirksamen Beschlüsse mehr fassen können, da dann bereits ein neuer Tag begonnen hat.

Zu „Teilnehmer“

Zu einem Protokoll gehört auch eine Teilnehmerliste. Bei feststehenden Teilnehmern (z.B. Gremiums Sitzungen) kann dies formularmäßig geschehen (wie in diesem Heft vorgeschlagen). Ansonsten geben Sie eine Teilnehmerliste herum, die formularmäßig Name, Adresse, Geburtsdatum, Funktion im Verein, Mitglied oder Gast und eine Telefonnummer enthält.

Letzteres, um gegebenenfalls Nachfragen stellen zu können. Das Geburtsdatum benötigen sie, um gegebenenfalls Einschränkungen beim Stimmrecht beachten zu können. Stimm- und Rederecht kann auch von der Funktion im Verein abhängen. Der Vertreter eines Verbandes hat als Gast der Sitzung nur dann diese Rechte, wenn sie ihm vom Versammlungsleiter, gegebenenfalls mit Zustimmung der Versammlung, eingeräumt werden und dies nach der Satzung möglich ist.

Rechtswirksamkeit

Das Protokoll erlangt Rechtswirksamkeit, wenn es von ihnen als Protokollführer und vom Versammlungsleiter unterschrieben wurde. Die Satzung oder Geschäftsordnung kann dies anders regeln.

Verteiler

In dem Protokoll sollte festgehalten werden, wer eine Kopie erhält. Das Protokoll kann ein wesentlicher Baustein der internen Kommunikation sein und bei offenem Umgang helfen, Misstrauen abzubauen und Vertrauen zu schaffen. Wir halten es für eine gute Idee, das Protokoll der Mitgliederversammlung via Internet allen Vereinsmitgliedern zugänglich zu machen.

Anlagen

Gibt es Anlagen zum Protokoll, sind diese einzeln aufzuführen, gegebenenfalls mit Stichpunkten zu ihrem Inhalt. Die Anlagen sind Bestandteil des Protokolls, können aber das Protokoll nicht ersetzen. Ein Protokoll, das im Wesentlichen aus Verweisen auf die Anlagen besteht, erfüllt seinen Zweck nicht. Rechtsgültige Anlagen müssen von denen unterschrieben werden, die auch das Protokoll unterschreiben.

Die richtige Technik

Leitfaden

Unser Vorschlag ist, für ihre Protokollnotizen ausschließlich dieses Heft zu verwenden. Sie können dann in gegebenenfalls in älteren Notizen nachschauen und haben einen Leitfaden, an dem entlang die Protokollführung deutlich vereinfacht wird.

Notizen oder wörtlich

Üblicherweise werden im Verlauf der Sitzung die Inhalte nur in Stichworten und Notizen festgehalten. Wörtlich mit zu schreiben sind jedoch Anträge, Beschlüsse und die Namen derer, die sich mit Argumenten zu dem Thema geäußert haben. Lassen Sie sich nicht davon abbringen, ggf. auch zweimal nachzufragen, um meinen Namen richtig zu schreiben oder den Beschluss korrekt zu formulieren. Wenn sie selbst wenn keine Gelegenheit dazu haben, bitten Sie den Versammlungsleiter, ihre Antragsformulierung bzw. ihren Beschlussvorschlag wörtlich zu verlesen.

Fortlaufendes Protokoll

Bei dieser Art der Protokollführung wird grundsätzlich das Protokoll nach jedem Tagesordnungspunkt (Natürlich nicht die Formalien) formuliert, verlesen uns sofort mit diesem Teil genehmigt. Ggfs. können auch die Vortragenden gebeten werden, Ihre Gedanken oder Beschlussvorschläge zusammenzufassen.

Das hat den Vorteil, dass die aktuelle Versammlung über das Protokoll beschließt und nicht die nachfolgende. Bei einer guten technischen Ausstattung und einer nicht allzu großen Teilnehmerzahl kann das Protokoll von den Teilnehmern schon mitgenommen werden. Dies beschleunigt den Informationsfluss.

Das Protokoll erstellen

Zeitnah

Es hat sich bewährt, das Protokoll möglichst direkt nach der Sitzung zu schreiben beziehungsweise zumindest vor zu formulieren. Es sind viele Dinge noch im Gedächtnis, die zwei oder drei Wochen später erst mühsamen nachgefragt werden müssen, wobei auch die Nachfrage nicht immer zum korrekten Ergebnis beiträgt.

Am Stück

Weiter kann empfohlen werden, das Protokoll am Stück nieder zu schreiben und nicht zu sehr an einzelnen Formulierungen zu arbeiten. Dies kann in einem zweiten Schritt geschehen.

Diktiergerät

Wenn sie nicht sofort alles Niederschreiben wollen beziehungsweise können, sollten Sie mittels eines Diktiergerätes ihre Gedanken doch sofort im Anschluss an die Sitzung, spätestens am nächsten Tag formulieren.

Zeitlicher Rahmen

Gestandene Protokollführer gehen davon aus, dass zur Erstellung eines Protokolls die doppelte Sitzungszeit benötigt wird.

Nachbereitung

Auch nach Fertigstellung sind wichtige Punkte zu beachten. Es hilft Ihnen dabei unsere Checkliste „Nachbereitung Protokoll"

Die Gliederung des Protokolls

Eigene Vorstellungen

Bei der Gliederung des Protokolls entwickelt im Laufe der Zeit sicher jeder Protokollführer seinen eigenen Stil. Sie können das Protokoll chronologisch nach den Tagesordnungspunkten gliedern, Sie können die Beschlüsse vor die Berichte stellen oder versuchen, sachliche Zusammenhänge herzustellen und diese am Stück abzuarbeiten.

Wichtiges hervorheben

Versuchen Sie, Wichtiges hervorzuheben, indem sie es unterstreichen oder Fett drucken. Gleiches gilt für die Namen der im Protokoll zu erwähnen Personen. Vermeiden Sie, zu viele Schriftarten zu verwenden. Dieses ermüdet den Leser und trägt eher zu seiner Verwirrung bei.

Zielgruppe

Vereinsmitglieder

Bei der Abfassung des Protokolls denken Sie daran, für wen es bestimmt ist. Das sind im Verein zunächst einmal die Mitglieder der Gremien, z.B. der Vereinsvorstand oder bei einer Spartenorganisation die Mitglieder der Spartenleitung. Wären dies die einzigen Leser, bräuchte man vielleicht bei der einen oder anderen Formulierung nicht zu detailliert feilen.

Finanzamt / Gericht

Aber denken Sie daran, auch das Finanzamt macht mehr und mehr davon Gebrauch, anhand der Protokolle der Mitgliederversammlung und auch des Vorstandes die Aktivitäten des Vereins darauf zu überprüfen, ob der Verein z.B. die Vorgaben der Gemeinnützigkeit erfüllt. Des Weiteren kann es durchaus sein, dass bei gerichtlichen Auseinandersetzungen (z.B. bei einem Vereinsausschlussverfahren) das Protokoll als Beweismittel mit herangezogen wird. Es bleibt ihnen daher nicht erspart, zumindest bei wichtigen und insbesondere finanziell relevanten Anträgen und Beschlüssen steuerliche und rechtliche Überlegungen mit einzubeziehen.

Der Stil des Protokolls

Kurze Sätze

Ein Protokoll schreibt man möglichst mit kurzen und wenig verschachtelten Sätzen. Sie wollen nicht unterhalten, sondern objektiv den Inhalt einer Sitzung oder Versammlung mit deren Anträgen, Beschlüssen, Wortmeldungen und Berichte wiedergeben.

Direkte oder indirekte Rede

An Protokoll ist am besten lesbar, wenn sie für Anträge und Beschlüsse die direkte Rede wählen, für Berichte und Zitate die indirekte Rede.

Gültigkeit

Das Protokoll muss nicht, um gültig zu sein, von einer Mitgliederversammlung genehmigt werden. Es sei denn, die Vereinssatzung sieht dies ausdrücklich vor. Das Verlesen hat spätestens in der nächsten Mitgliederversammlung zu geschehen. Eine Änderung des Protokolls ist nur mit Zustimmung aller Unterzeichner möglich.

Es ist ein besonderer Vermerk über die Änderung anzubringen und entsprechend zu unterschreiben. Mitglieder, die Fehler im Protokoll behaupten, müssen diese auch beweisen. Erst mit Fertigstellung beginnen die Fristen zur Anfechtung von Versammlungsbeschlüssen.

Das Protokoll wird, wenn die Satzung nichts Anderes aussagt, bereits mit Unterschrift durch Versammlungsleiter und Protokollführer rechtswirksam. Daher ist es üblich, Änderungen und Präzisierungen in das folgende Protokoll aufzunehmen. Dies darf natürlich nicht zu einer Verfälschung der Meinungsbildung führen.

Einsichtsrecht

Einsicht in das Protokoll haben Vereinsmitglieder in das Protokoll der Mitgliederversammlung, nicht jedoch in die Aufzeichnungen des Protokollführers. Einsichtsrecht in Vorstandsprotokolle haben Mitglieder jedenfalls dann, wenn sie ein berechtigtes Interesse nachweisen. Es sei denn, die Satzung schreibt vor, jedem Mitglied das Protokoll zur Kenntnis zu geben.

Das Versammlungsprotokoll bildet für den Verein, seine Organe und Mitglieder eine gesicherte Grundlage der Vereinsarbeit. Das ordnungsgemäß geführte und unterschriebene Protokoll hat Beweiswert.

Umsetzung der Beschlüsse

Der Vorstand ist verpflichtet, die Umsetzung der Beschlüsse sicherzustellen, auch wenn sie seiner eigenen Meinung zuwiderlaufen. Sollte eine Umsetzung aus den verschiedensten Gründen nicht möglich sein, ist darüber in der nächsten Mitgliederversammlung zu berichten.

Dabei kann eine einfache Tabelle die Kontrolle erleichtern:

Beschluss vom:
Verantwortlich für die Umsetzung:
Zu erledigen bis zum:
Erledigt am:
In der Mitgliederversammlung die Erledigung bekannt gegeben am:

Die Rechte des Versammlungsleiters

Wer darf zu welchem Thema sprechen

In einer Mitgliederversammlung hat der Versammlungsleiter das Recht, das Wort zu Diskussionsbeiträgen zu erteilen und auch zu entziehen. Letzteres insbesondere, wenn die Redezeit (deutlich) überschritten wird, nicht zum Thema gesprochen wird oder ein Diskussionsteilnehmer sich danebenbenimmt.

Die Reihenfolge, in der der Versammlungsleiter den Teilnehmern das Wort erteilen, ergibt sich bei der Mitgliederversammlung nahezu ausschließlich aus der Reihenfolge der Wortmeldungen.

Bei vielen Wortmeldungen zu einem Thema ist es erforderlich, eine Rednerliste zu führen, in die die Wortmeldungen chronologisch eingetragen werden.

Versammlung abbrechen?

Auch in der Mitgliederversammlung steht dem Versammlungsleiter das Recht zu, diese vorzeitig abzubrechen und die nicht behandelten Punkte zu vertagen, d.h. in einer erneut einzuberufenen Mitgliederversammlung zu behandeln. Auf Verständnis für eine solche Maßnahme kann man jedoch nur hoffen, wenn etwa die Zeit sehr weit fortgeschritten ist und Reihen sich merklich gelichtet haben oder wenn durch Störungen ein geordneter Versammlungsverlauf nicht mehr gesichert ist.

Zur Geschäftsordnung

Wortmeldungen zur Geschäftsordnung sind vorzuziehen. Um Wortmeldungen zur Geschäftsordnung als solche zu erkennen, erfolgen diese i.d.R. durch Hochheben beider Arme.

Ziehen dauernd sich wiederholende Beiträge eine Diskussion unzumutbar in die Länge, kann der Versammlungsleiter diese beenden, indem er Wortmeldungen zu diesem Thema nicht mehr zulässt. Eleganter ist es jedoch, einen Geschäftsordnungsantrag auf Schluss der Debatte zu stellen - oder durch einen "Verbündeten" stellen zu lassen. Bei nervtötenden Aussprachen mit den üblichen Dauerrednern ist eine Mehrheit sicher.

Übliche Geschäftsordnungsanträge sind
- Anträge zur Tagesordnung
- Anträge auf Schluss der Rednerliste
- Anträge auf Beendigung der Diskussion

Wie wird abgestimmt

Reihenfolge der Abstimmungen

Bei verschiedenen Anträgen zu einem Tagesordnungspunkt wird zunächst der weitergehende behandelt. Ein Beispiel:

Die Tennisabteilung möchte einen Sparten-Beitrag von € 5,- erheben,

der Schatzmeister beantragt, allen Sparten die Möglichkeit zu geben eigene Beiträge bis zu € 10,- zu erheben.

Der Antrag des Schatzmeisters ist der weitergehende. Würde er positiv entschieden, brauchte über den Antrag der Tennisabteilung nicht mehr abgestimmt werden. Hätte man zunächst über den Antrag der Tennisabteilung positiv entschieden, wäre trotzdem der Antrag Schatzmeister noch zu behandeln gewesen. So wurde ein Abstimmungsgang erspart.

Akklamation

Bei eindeutigen Mehrheitsverhältnissen und unkritischen Themen, zum Beispiel ein Beschluss über die Ehrung verdienter Mitglieder, mögliche Zuschüsse zu einer Jugendfahrt, wird durch Akklamation entschieden: "Erhebt sich gegen diesen Vorschlag widersprochen?“ Entsprechender Applaus gilt als Zustimmung.

Offene Abstimmung

Zu den weitaus meisten Anträgen wird offen abgestimmt durch Handzeichen oder zeigen einer Stimmkarte. Auch bei einer offenen Abstimmung ist auf eine Auszählung Wert zu legen. Schon häufig hat sich gezeigt, dass der erste Augenschein nicht mit dem tatsächlichen Ergebnis übereinstimmend. Mitglieder haben das Recht, bei Zweifeln an überschlägig ermittelten Ergebnissen eine Auszählung zu verlangen.

Geheime Abstimmung

Bei Personalentscheidungen ist auch im Verein eine geheime Abstimmung nicht unüblich aber auch nicht vorgeschrieben. Dazu werden eindeutig gekennzeichnete Stimmzettel benötigt.

Fehlerhafte Versammlungsbeschlüsse

Abgrenzen

Fehlerhafte Versammlungsbeschlüsse können aus ihrer Art heraus nichtig sein oder sie müssen zu ihrer Unwirksamkeit angefochten werden. Die Abgrenzung ist nicht immer einfach.

Auf jeden Fall nichtig

Auf jeden Fall nichtig sind Versammlungsbeschlüsse, wenn sie gegen ein gesetzliches Verbot verstoßen (z.B. Die Mitgliederversammlung beschließt, in Zukunft ohne einen Vorstand nach § 26 BGB zu arbeiten, sondern dessen Aufgaben durch jeweils das Mitglied ausüben zu lassen, das Zeit hat und sich dazu berufen fühlt. Dieser Beschluss ist nichtig von Anfang an, ein Verein muss einen Vorstand haben, § 26 Abs. 1 BGB).

Nichtig sind auch Versammlungsbeschlüsse, die sittenwidrig sind oder in Widerspruch mit unabdingbaren vereinsrechtlichen Vorschriften stehen oder die gegen Bestimmungen verstoßen, die der ordnungsgemäßen Willensbildung dienen. (Beispiel: Zu einer Mitgliederversammlung werden nur ausgesuchte Mitglieder eingeladen. Die auf dieser Versammlung gefassten Beschlüsse sind nichtig von Anfang an und entfalten keinerlei Rechtswirkung. Gleiches gilt für einen Beschluss, der nicht oder ungenau in der Tagesordnung bezeichnet wurde.) Die Nichtigkeit eines Beschlusses kann von jedem Vereinsmitglied durch Feststellungsklage gegen den Verein geltend gemacht werden.

Bis zur Anfechtung gültig

Bis zu einer Anfechtung gültig sind Beschlüsse, die fehlerhaft sind, aber hauptsächlich die Interessen einzelner Mitglieder berühren. Beispiel: Ein Mitglied wird aus dem Verein ausgeschlossen, ohne vorher die Möglichkeit einer Stellungnahme gehabt zu haben. Das Mitglied muss diesen Beschluss anfechten, sonst ist er gültig. Wird er erfolgreich angefochten, ist er nichtig von Anfang an. Das Vereinsmitglied war also ununterbrochen im Verein. Die Anfechtungsfrist beträgt bei Vereinen einen Monat.

Heilung

Ein nichtiger Beschluss kann nur geheilt werden, wenn er durch einen neuen, jetzt rechtswirksamen Beschluss ersetzt wird. Die versehentliche Eintragung eines nichtigen Beschlusses in das Vereinsregister macht ihn nicht rechtswirksam.

Nur Ja und Nein

Der Bundesgerichtshof hat mit Urteil vom 25. Januar 1982 (Aktenzeichen II ZR 164/81 - München) entschieden, dass bei der Beschlussfassung im Verein die Mehrheit nur nach der Zahl der abgegebenen Ja- und Nein - Stimmen zu berechnen sei und dass Stimmenthaltungen nicht mitzuzählen sind.

Würden Stimmenthaltungen mitgezählt, würden diese sich so auswirken, als ob das betreffende Mitglied mit "Nein" gestimmt hätte. Damit wäre der objektive Wille der Versammlung verfälscht.

Entscheidend sind immer nur die abgegebenen Stimmen der zur Zeit der Abstimmung anwesenden stimmberechtigten Mitglieder. Mitglieder, die zur Zeit der Abstimmung nicht im Versammlungsraum sind, werden bei der Berechnung der Gesamtzahl ebenfalls nicht mitgerechnet. Es immer darauf zu achten, dass Enthaltungen bei der Berechnung von Mehrheiten nicht mitzuzählen sind. Das gilt auch für ungültige Stimmen.

Was gibt es für Mehrheiten?

Einfache Mehrheit ist erreicht, wenn die Summe der Ja-Stimmen mindestens um eine Stimme größer ist als die Summe der Nein-Stimmen.

Absolute Mehrheit bedeutet, dass für die Mehrheit mehr als die Hälfte der zur Abstimmung anwesenden Vereinsmitglieder notwendig ist.

Qualifizierte Mehrheit ist eine Stimmenmehrheit, die sich aus der in der Satzung festgelegten Anforderungen ergibt. (z. B. 2/3 oder ¾ Stimmenmehrheit).

Relative Stimmenmehrheit kann hinter der einfachen Mehrheit zurückbleiben. Beschlossen ist der Antrag, der die meisten Stimmen auf sich vereinigt.

Musterprotokoll Mitgliederversammlung

(Muster eines erweiterten Ergebnisprotokolls – Stichwortprotokolls)

Mitgliederversammlung des Praxis e.V., Borken
am 27. Januar 2019 um 19:00 Uhr
im Parkhotel 34582 Borken, Europaplatz 3, Raum Kurhessen

TOP 1 - Der 1. Vorsitzende begrüßt die Teilnehmer und eröffnet die Sitzung um 19:10 Uhr. Er stellt fest, dass zu der Sitzung durch Aushang im Vereinskasten, Hinweis auf den Internet-Seiten des Vereins und durch eine Notiz in der örtlichen Presse frist- und formgerecht eingeladen wurde.

TOP 2 – Die Tagesordnung entspricht der mit der Einladung versandten Tagesordnung und wird genehmigt.

TOP 3 - Der Verein hat am 27. Januar 2016 154 Mitglieder. Lt. Satzung ist die Beschlussfähigkeit gegeben, wenn 10 Prozent, das heißt mindestens 16 stimmberechtigte Mitglieder anwesend sind. Der Erste Vorsitzende stellt fest, dass 19 Mitglieder anwesend sind, davon 2 nicht stimmberechtigte Jugendliche unter 16 Jahren und 17 stimmberechtigte Mitglieder und somit die Beschlussfähigkeit gegeben ist.

TOP 4 - Der Schriftführer verliest das Protokoll der vorhergehenden Mitgliederversammlung. Einwände und Änderungswünsche ergeben sich nicht.

TOP 5 - Der 2. Vorsitzende nimmt die Ehrungen vor. Für 25-jährige Mitgliedschaft im Verein werden Heinz Meier und Rolf Hockes geehrt. Die geehrten Mitglieder erhalten eine Urkunde sowie ein Buchgeschenk im Wert von je € 20,-

TOP 6 - Der Erste Vorsitzende trägt den Jahresbericht des Vorstandes für das abgelaufene Geschäftsjahr vor. Es wurden im vergangenen Jahr 37 Übungsabende für die Jugendlichen und 36 Übungsabende für die Erwachsenen durchgeführt. Die Fahrt zum Partnerschaftsverein nach Schleswig-Holstein wurde vom Verein mit € 300,- bezuschusst. Es nahmen 30 Vereinsmitglieder an der Fahrt teil. Der Mitgliederbestand erhöhte sich von 149 Mitgliedern auf 154 Mitglieder. Sieben Mitglieder sind dem Verein neu beigetretenen, 2 Mitglieder sind ausgetreten.

TOP 7 - Der Schatzmeister gibt den Finanzbericht anhand der den Teilnehmern ausgehändigten Einnahme- Überschussrechnung mit Vermögensstatus. Für das abgelaufene Geschäftsjahr weist diese insgesamt € 15.700,- Einnahmen und € 14.300,- Ausgaben auf. Der Vorstand schlägt vor, den Überschuss von € 1.400,- den Rücklagen zum beabsichtigten Kauf einer Garage zuzuführen. Der Schatzmeister bezifferte das Vermögen des Vereins auf € 9.600,-. Dies setzt sich per 31.12. zusammen aus einem Sparguthaben von €3.600,- sowie Gerätschaften von € 6.000,-. Der Schatzmeister gibt bekannt, dass Beitragsrückstände nicht bestehen.

Der vollständige Bericht des Vorstandes und des Schatzmeisters sowie die Einnahme-Überschussrechnung mit Vermögensstatus sind diesem Protokoll als Anlage beigefügt.

Die Mitgliederversammlung beschließt den Jahresabschluss mit 16 Ja Stimmen und einer Nein Stimme.

TOP 8 - Der Bericht der Rechnungsprüfer ergibt keine Beanstandungen. Es wird jedoch die Empfehlung ausgegeben, ein neues Programm für die Vereinsbuchführung anzuschaffen. Die Buchführung wird immer noch mit Excel Tabellen durchgeführt.

TOP 9 - In der Aussprache über die Berichte werden folgende Fragen gestellt:

Willy Werner: "Sind im abgelaufenen Jahr auch Jugendliche in den Verein eingetreten?" Der 1. Vorsitzende beantwortet die Frage dahingehend, dass unter den sieben neuen Mitgliedern auch zwei Jugendliche sind. Er wird im nächsten Jahr seinen Bericht entsprechend präziser fassen.

Heinrich Rühl: "Ist mit der Zustimmung zur Bildung einer Rücklage bereits der Kauf der Garage beschlossen?" Antwort des Ersten Vorsitzenden: "Über den Kauf der Garage ist in einem besonderen Beschluss zu entscheiden, ein entsprechender Antrag wird im weiteren Verlauf der Tagesordnung behandelt."

TOP 10 - Auf Antrag der Rechnungsprüfer wird dem Vorstand für das abgelaufene Geschäftsjahr einstimmig Entlastung erteilt. Der Vorstand hat an der Beschlussfassung nicht teilgenommen.

TOP 11 - Der 1. Vorsitzende ruft dann den Tagesordnungspunkt "Kauf einer Garage" auf. Er begründet diesen Antrag des Vorstandes mit der Notwendigkeit, die Gerätschaften des Vereins, die bisher privat untergebracht sind, in einem vereinseigenen Gebäude zentral zu lagern. Das sichert einen jederzeitigen Zugriff der zuständigen

Vereinsmitglieder. Der Preis der Garage sei mit € 3.000,- ausgesprochen günstig und ein Entgegenkommen der Verkäufer, die auch Vereinsmitglieder sind.

Heinrich Rühl stellt einen Antrag zur Geschäftsordnung. Er weist darauf hin, dass die Verkäufer der Garage, die Eheleute Groß, als stimmberechtigte Mitglieder an der Versammlung teilnehmen. Er bittet den Versammlungsleiter zu prüfen, ob diese zu diesem Tagungsordnungspunkte befangen seien.

Der 1. Vorsitzende dankt für den Hinweis und bittet Herrn und Frau Groß, an der Beratung und Beschlussfassung zu diesem Tagesordnungspunkt nicht teilzunehmen.

Heinrich Rühl stellt den Antrag zur Geschäftsordnung, diesen Tagesordnungspunkt zu vertagen. Da die Eheleute Groß nicht stimmberechtigt sind, sei die Versammlung zu diesem Punkt nicht mehr beschlussfähig.

Sitzungsunterbrechung
Der 1. Vorsitzender als Sitzungsleiter unterbricht die Sitzung um 20:30 für 10 Minuten, um sich mit dem Vorstand über das ein weitere Vorgehen zu beraten.

Weiter TOP 11 - Um 20:40 Uhr wird die Versammlung durch den ersten Vorsitzenden wiedereröffnet. Er stellt fest, dass inzwischen drei weitere Mitglieder hinzugekommen sind, so dass die Beschlussfähigkeit der Versammlung auch zum TOP 11 wieder gegeben ist.

Heinrich Rühl meldet Vorbehalte gegen die Teilnahme der drei weiteren Mitglieder an, da diese offensichtlich telefonisch herbeigeholt wurden. Er werde prüfen, ob er die weiteren Beschlüsse anfechten werde.

Der 1. Vorsitzende entgegnet, dass es nach seiner Kenntnis kein Anfechtungsgrund ist, wenn jemand später zu einer Versammlung kommt. Der 1. Vorsitzenden trägt den Antrag auf Kauf der Garage erneut vor, um auch den neu Hinzugekommenen eine objektive Meinungsbildung zu ermöglichen.

Es wird in offener Abstimmung folgender Beschluss gefasst: Die von den Eheleuten Groß dem Verein zum Kauf angebotene Garage wird für € 3.000,- vom Verein erworben. Die Eheleute Groß nahmen an der Beratung und Beschlussfassung zu diesem Tagesordnungspunkt nicht teilt. Der Beschluss wurde mit 8 Ja Stimmen, 2 Nein Stimmen und 8 Enthaltungen angenommen.

Heinrich Rühl stellt den Antrag, den Antrag zu TOP 11 als „Abgelehnt“ festzuhalten, da bei 18 stimmberechtigten Teilnehmern nicht die erforderliche Zahl von 10 Ja-Stimmen erreicht worden seien. Der 1. Vorsitzende erwidert, dass bei der Ermittlung des Ergebnisses Enthaltungen nicht zu berücksichtigen seien. Der Antrag habe mehr Ja- als Nein-Stimmen erhalten und sei deshalb angenommen.

Heinrich Rühl erklärt 21:10 Uhr seinen Austritt aus dem Verein und verlässt die Sitzung.

TOP 12 - Der Schatzmeister stellt den Haushaltsplan für das laufende Jahr vor. Er ist mit € 17.000,- Einnahmen € 16.000,- Ausgaben und Zuführung zu den Rücklagen von € 1.000,- ausgeglichen. Die zu erwerbende Garage werde aus den Rücklagen bezahlt.

Heinrich Rühl erscheint um 21:30 wieder im Versammlungsraum und bittet ums Wort.

Rolf Hockes stellt den Antrag, Heinrich Rühl aus dem Versammlungsraum zu weisen, da er nicht mehr Vereinsmitglied sei.

Nach kurzer Beratung im Vorstand macht der 1. Vorsitzende deutlich, dass Heinrich Rühl zwar seinen Austritt aus dem Verein erklärt habe, lt. Satzung wird dieser Austritt erst zum Jahresende wirksam. Heinrich Rühl sei daher weiterhin Vereinsmitglied und könne an der Versammlung teilnehmen. Er erteilte Heinrich Rühl das Wort.

Heinrich Rühl erläutert, dass seine Austrittserklärung aus einer Verärgerung heraus entstanden ist, er zieht sie zurück. Der 1. Vorsitzende entgegnet, ein Rücktritt vom Rücktritt ist rechtlich nicht möglich. Rühl kann aber einen Antrag auf Aufnahme in den Verein stellen. Über den werde dann satzungsgemäß in der nächsten Vorstandssitzung entschieden. Auf Rückfrage stellt er klar, dass dann auch eine erneute Aufnahmegebühr fällig werde.

Nach scharfen Zwischenrufen aus der Versammlung zieht Heinrich Rühl eine erneute Wortmeldung zurück und verlässt um 22:00 erneut die Versammlung.

Der Haushaltsplan wird ohne weitere Diskussion einstimmig genehmigt.

TOP 13 - Der 1.Vorsitzender stellt die Ziele des Vereins für das laufende Geschäftsjahr vor. Durch eine Aktion zur Mitgliederwerbung soll der Mitgliederbestand auf 180 Mitglieder erhöht werden. In einer Arbeitswoche sollen die

Gerätschaften des Vereins überholt werden. Es sind alle Mitglieder aufgerufen, sich an diesen Arbeiten zu beteiligen. In diesem Jahr erwartet der Verein den Besuch des Schleswig-Holsteinischen Partnervereins. Dies wird mit einem großen Volkswandertag verbunden.

In der folgenden Diskussion wird angeregt, einen weiteren Übungsleiter für die Jugendgruppe zu verpflichten. Der Vorstand verspricht, diese Anregung zu überdenken und umzusetzen, soweit die finanziellen Mittel des Vereins sowie der soeben verabschiedete Haushaltsplan diese Ausgaben zuließen.

Die vom Vorstand vorgetragenen Ziele für das laufende Geschäftsjahr werden von der Versammlung einstimmig zustimmend zur Kenntnis genommen.

TOP 14 - Turnusmäßig sind in dieser Versammlung neue Rechnungsprüfer zu wählen. Eine Wiederwahl der bisherigen Rechnungsprüfer ist laut Satzung nicht möglich.

Es ist lediglich Heinz Schmidt bereit, für dieses Amt zu kandidieren. Er wird einstimmig für drei Jahre zum Rechnungsprüfer gewählt. Heinz Schmidt nimmt die Wahl an und bedankt sich für das entgegengebrachte Vertrauen.
Da ein weiterer Kandidat nicht gefunden wird, kann die Position des zweiten Rechnungsprüfers nicht besetzt werden. Die Versammlung bittet Herrn Schmid, die Rechnungsprüfung allein durchzuführen. Sie ermächtigt ihn jedoch ausdrücklich, sich durch eine Hilfsperson unterstützen zu lassen. Der Vorstand wird aufgefordert, bis zur nächsten Mitgliederversammlung einen Kandidaten für das Amt des Rechnungsprüfers zu finden.

TOP 15 – Unter dem Punkt Verschiedenes stellt Rolf Hockes den Antrag, Mitgliedern, die bereits 25 Jahre im Verein sind, von den Beitragszahlungen freizustellen. Der 1. Vorsitzende erklärt, dass er diesen Antrag nicht zur Abstimmung stellen könne, da unter dem Punkt Verschiedenes keine Beschlüsse gefasst werden können. Daraufhin verlangt Rolf Hockes, diesen Antrag für die nächste Mitgliederversammlung entgegen zu nehmen. Dem stimmt der 1. Vorsitzende zu.

TOP 16 - Der Erste Vorsitzende bedankt sich in seinem Schlusswort bei seinen Vorstandskollegen und den vielen ehrenamtlichen Helfern für ihre tatkräftige Unterstützung im abgelaufenen Jahr und schließt die Sitzung um 22:30 Uhr.

Musterprotokoll Vorstandssitzung

(Beispiel: Ergebnisprotokoll)

Ort: Parkhotel Borken, Hüttschlagstube
Tag: 31.01.2016 Beginn 19:00 Ende 19:45

Beschluss 1: Die Jugendabteilung erhält einen Zuschuss von 500 Euro zum Kauf eines Zeltes. Es müssen mindestens zwei Angebote eingeholt werden. Die Verwendung muss bis zum 30.4.16 durch eine Rechnung nachgewiesen werden. Der Schatzmeister informiert den Jugendleiter.

Beschluss 2: Der Antrag auf Erhöhung der Übungsleiterentschädigung für Lothar Mattias wird wegen der erforderlichen Gleichbehandlung aller Übungsleiter abgelehnt. Die Ablehnung wird durch die Schriftführerin schriftlich mitgeteilt.

Bericht 1: Angelika Meckel: Die Vorbereitungen zur Jubiläumsfeier verlaufen planmäßig, der Kostenrahmen wird eingehalten. Die Kapelle wird etwa 500 Euro mehr kosten als geplant, dafür wird die Tischdekoration vom Vereinswirt gestellt, Ersparnis 700 Euro.

Bericht 2: Franz Münzhering: Die Aktion zur Werbung neuer Mitglieder wird in der nächsten Woche mit einer Postwurfsendung gestartet.

Verschiedenes: Keine Wortmeldungen

Formulierungshilfen

Aufzeigen, argumentieren, abstreiten, anerkennen, antworten, anregen, auffordern, beantragen, befragen, befürworten, bitten, begründen, beschreiben, bedauern, befürchten, begrüßen, behaupten, beipflichten, bejahen, bekennen, beklagen, bekräftigen, berichtigen, bestätigen, bestreiten, betonen, bezweifeln, billigen, dagegen halten, darstellen, der Ansicht sein, davon ausgehen, erklären, erläutern, erörtern, eingehen auf, einräumen, einverstanden sein, einwenden, einwerfen, empfinden, entgegen halten, erwägen, erwidern, erbitten, ersuchen, er

warteten, fordern, sich einsetzen für, folgern, für richtig halten, gelten machen, glauben, hinweisen, hinzufügen, herausstellen, hervorheben, aufführen, informieren, Kenntnis geben, klar legen, klarmachen, klarstellen, kontern, nachweisen, präzise ihren, Probleme sehen, Schwierigkeiten sehen, richtig stellen, schildern, unterrichten, sich aussprechen für, sich entscheiden, überzeugt sein von, unterstreichen, unterstützen, vertrauen auf, verlangen, versuchen, vorwerfen, warnen, Wert legen auf, widerrufen, wünschen, zugeben, zustimmen, zugestehen, zweifeln an.

Made in the USA
Monee, IL
05 November 2026

67380096R00028